মনের কথা কই

সাধন রায়

EditionNEXT
editionNEXT, Kolkata, India
www.editionnext.com

"Moner Kotha Koi" :: A Collection of Bengali Poems by Sadhan Ray

International(USA) Edition

Cover: Uday Bhattacharyya

First Edition: March 2025

Publisher: Mousumi Bhattacharyya
FD 16/1, Baguiati, Kolkata- 59
Website: editionNEXT.com
Facebook: facebook.com/editionnext
Twitter: twitter.com/editionnext
eMail: Link "Contact Us" in editionNEXT.com

উৎসর্গ

মা ইলা রানী রায় কে

“জননী জন্মভূমিশ্চ স্বর্গাদপি গরিয়সী”

এ বিশ্ব সংসারে ভগবানতো দেখি নাহি কভু

তুমি আমার আরাধ্য তুমি আমার প্রভু।

তিতাস

একটি মেয়ে ছিল
নাম তার তিতাস
বাগিচায় ছড়াতো মিষ্টি সুবাস।
মেয়েটি ছিল ভালোবাসার কাঙাল
ফল্গুধারায় দুকুল ছাপিয়ে
ভালোবাসার ফুলঝুরি নিয়ে
এগিয়ে চলতো,কেউ পেত না নাগাল।
মানুষের মনিকোঠায় ছিল ওর স্থান
সবাই ওকে ভালোবাসতো
ধানের ক্ষেত, পেয়ারা বাগান,
ঠানু পিসির রান্নাঘর
ছোটনকে স্কুলে পৌঁছানো
সব জায়গাতেই ওকে পাওয়া যেত।
পরণে একটি আটপৌরে শাড়ি
মাথার দুদিকে দুটো বিনুনি
ছমছম করতো পায়ের তোড়া
নাকে ছিল নোলক
তিতু বলে ডাকতো সব লোক।
খাল বিল নদী নালা
চলার পথে ছিল না কোন বাধা
ওর রহন সহন ছিল সাদা সিধা।
ঘরে নেই বাপ মা বহুদিন
পিদিম জ্বেলে বসে থাকতো
বুড়ি ঠাকুমা সারাদিন।
জমিতে সার দেওয়া,
গরুর দুধ দোওয়া
কালিপিসিকে ডাক্তার দেখানো
রহিমচাচার ছাগলটার ঔষধ আনা

হেঁসেল সামলানো থেকে
ফাইফরমাস বেগার খাটা
ছিল ওর কাজ
তাতে ছিল না ওর কোন লাজ।
হঠাৎ একদিন ওর মনে
ভালোবাসার ছোঁয়া দোলা দিল
গ্রামে তাহিনকে দেখে ভালো লাগল।
তিতাস তাহিনের মেলামেশা
শুরু হলো একটু একটু করে
মাঝে মাঝে দেখা যেত
সরষে ফুলের হলুদ খেতে ভর দুপুরে।
তাহিন ঐ গ্রামে সরকারি কাজে
মাঝে মাঝে আসতো
কাজ শেষে দু একদিনে বাড়ি ফিরতো।
কখনো কৃষ্ণ চূড়ার ছায়ার তলে
কখনো নদীর তীরে সূর্যাস্তের কোলে
তিতাস তাহিনের ছিল স্বপ্নপুরী
দুজন দুজনকে খুবই ভালোবাসতো
সবাইর ভালো লাগলেও
একটু একটু হিংসা ওরা করতো।
তিতাস তাহিনের প্রেমের সাক্ষী
হতো গাছপালা নদীনালা
সাক্ষী হতো গোবিন্দের মা
হারান কাকা আরও অনেকে
সবাই মনে মনে আশীর্বাদ করতো
ওরা যেন সুখী হয় দুজনাতে।
সব চাওয়া কি পাওয়া হয়
হঠাৎ অমাবস্যার রাত নেমে এলো
এদের দুজনের জীবনে
সবকিছু কেমন ওলট পালট হলো
মন দেওয়া নেওয়ার মহা মিলনে।

তাহিনকে আর দেখা যেতনা
অফিসের কাজে গ্রামে
অফিসেও খোঁজ নিয়ে পাওয়া গেলনা
কেউ আছে ঐ নামে।
তিতাস আজও বয়ে চলেছে স্রোতস্বিনী নদীর মতো
কখনো সমতল ভূমি কখনো বন্ধুর পথ
দুঃখ কষ্ট কে পাথেয় করে
এগিয়ে নিয়ে চলেছে বিজয়ী রথ।
পুরোনো স্মৃতিগুলো আঁকড়ে
আজও বসে আছে তিতাস
হয়তো কোন না কোনদিন
ফিরে পাবে আনন্দোচ্ছ্বাস।
ভালোবাসা বোধ হয় এমনি হয়
বিরহে মনে গেঁথে রয়।

শুধু তোমারই জন্য

এক রাশ গোলাপের কুঁড়ি থেকে
একটা কুঁড়ি
যা লাল নয় হলুদ
শুধু তোমারই জন্য।
ঐ কুঁড়ি হয়তো পরে
তার অফুরন্ত সুবাসে
তোমাকে আলোড়িত করবে
তোমার মন ছুঁয়ে যাবে
আমার মনে ধরা দেবে
কছে টানবে, ভালবাসবে।

এক রাশ জোনাকির দল থেকে
হাতের মুঠোয় নেওয়া
একটা জোনাকি
যা লাল নয় হলুদ
শুধু তোমারই জন্য।
ঐ আলোকের বিকিরণে তুমি
আলোকিত হয়ে উঠবে।
তোমার রুপ মাধুর্যের ছটা
ছড়িয়ে পড়বে
ঐ আলো আঁধারি সন্ধ্যায়
তোমার রুপ লাবণ্য
আমায় আকৃষ্ট করবে
আমার হৃদয় শিউরে উঠবে
কাছে টানবে, ভালবাসবে।

এক রাশ গানের কলি থেকে
বেছে নেওয়া একটি কলি

শুধু তোমারই জন্য।
যা কখনো কেউ শোনেনি
আমার গলায় যখন শুনবে
তোমার ভেতর জমে থাকা
ভালবাসার পরাগ রেণু
উপচে পড়বে
আমায় জড়িয়ে ধরবে, ভালবাসবে।

এক রাশ মিষ্টি মধুর হাসি থেকে
বেছে নেওয়া এক তিল হাসি
শুধু তোমারই জন্য।
যে হাসি, নিঃশব্দতাকে আড়াল করে
তোমার সর্বাঙ্গ মৃদুকম্পনে
আন্দোলিত করবে
শ্বাস রুদ্ধ হয়ে আসবে।
ক্ষণিকের জন্য তুমি দিশেহারা হবে
আলিঙ্গনে পরম তৃপ্ততা অনুভব করবে
কাছে টানবে, ভালবাসবে।

যাত্রী

শুধু কল্পনার জগতে
গা ভাসিয়ে দিলে
হবে না ভায়া
তরী এসে কোথায় থামবে
তা কেউ জানে না।
সমুদ্রে নামার আগে
ঠিক কর, কোথায় পাড়ি দেবে।
লক্ষ্য স্থির কর
আবেগে জলে ঝাঁপ দিলে কি
মোহর ভরা কলসি
তোমার হাতে আসবে?
কখনও না।
মাঝি যেমন হাওয়ার বেগ দেখে
ঘাট থেকে নৌকা ছাড়ে
তেমনই তোমাকেও
ঠিক করতে হবে
কোথায় কতদূর যেতে হবে।
অযথা মরিচিকার পেছনে
ছুটে কি, রাম, লক্ষণ সোনার হরিণ
সীতা কে এনে দিতে পেরেছিল?
পারেনি।
মায়া, আবেগ এগুলো
মনকে দূর্বল করে
এদের প্রশয় দিও না।
নিজের সংকল্পে অটুট থাক
এগোলে, সামুদ্রিক ঝড়ে
নৌকা টালমাটাল হতে পারে।
ঘাবড়ে গেলে, চলবে না ভায়া

বাধা আসা মানে যে
তুমি ভুল পথে এগোচ্ছ তা নয়।
সহজ সরল রাস্তা
কুলের মত দেখতে সুন্দর
খেলে কি গলা চুলকায় না?
দূর্গম পথ চলাকে উপভোগ কর
আনন্দ পাবে।
রাত অন্ধকার হলে কি
সকাল মধুর হয় না
সূর্য ওঠে না?
তুমি একলা যাত্রী নও
তোমার মত সবাই ছুটছে
অহরহ প্রতিযোগিতা চলছে
খরগোসের মত আত্মতুষ্টিতে
ভুগেছ, তো ঠকেছ
পিছিয়ে পড়বে।
পিছিয়ে পড়লে মহাশূন্যে
তোমার অস্তিত্ব পাওয়া দুষ্কর।
ট্র্যাকেই থাকতে হবে
জয় হবেই।

রথের মেলা

বৃষ্টি পড়ে ঝিরঝিরিয়ে
আকাশ মেঘে ঢাকা
ছোট বড় সবাই মিলে
টানছে রথের চাকা।
জগন্নাথের রথ চলেছে
বলভদ্র, সুভদ্রা সাথে
ভিড়ের মধ্যে ছুটছে সবাই
রথের দড়ি হাতে।
পথের ধারে রথের মেলা
ভিড়ে ঠাসাঠাসি
ছোট্ট কানাই জিদ্ ধরেছে
কিনবে বাঁশের বাঁশি।
বেচছে মেলায় খেলনা বাটি
রঙ বেরঙের চুড়ি
শোলার পাখি মাটির পুতুল
নেই কো তার জুড়ি।
ময়রা বেচে খাজা গজা
নিমকি জিলিপি
টগর ফুলের মালা হাতে
রাধারাণি, ঐ মেয়েটি।
সাজার জিনিস লাট্টু বেলুন
খাঁচায় রঙিন পাখি
নাগর দোলায় চড়বে বলে
করছে ডাকাডাকি।
কবি গান, তরজা, পাঁচালি
শুনছে অনেক লোকে
তালপাতার ভেপুর আওয়াজ
কানে কি সব ঢোকে।

কেউ বেচছে ঘুগনি, আলুর দম্
সাথে পাপড় ভাজা
গরম চপ্, বেগনী, ফুলুরী
আছে ফুচকা তাজা।
কোথাও আবার ডুগডুগি বাজিয়ে
চলছে বাঁদর খেলা
কি আনন্দ সবার মনে
চলছে মিলন মেলা।
কেউ বা খায় ডিগবাজি
কাদায় পা পিছলে
দাদু নাতির হাতটা ধরে
দেবো, এক পা এগোলে।
বৃষ্টি ভেজা রথের মেলা
কভু না যদি গেলে
বুঝবে কি করে কি দারুন
মজা, মানুষের ভিড় ঠেলে।

ফিরিয়ে দাও

ফিরিয়ে দাও আমায়
হারানো সেই দিনগুলি
যে দিন গুলো শুধু তোমার আমার।
মনপটে রঙ তুলিতে আঁকা
অস্পষ্টতার লেশ মাত্র নাই
মন্থনে উজ্জ্বলতার ছোঁয়া পাই
দিনের পাতা উল্টালে
জ্বলজ্বল করে ভেসে আসে মনে
কতদিন পাশে বসেছিলাম দুজনে।

ফিরিয়ে দাও আমায়
হারানো সেই রাতগুলো
যে রাত কেবল তোমার আমার।
পূর্ণিমার নিশীথে কাঁঠালি চাঁপার
সুমধুর গন্ধে মাতোয়ারা
সবুজ ঘাস গুলো হাতছানি দিয়ে
ডেকেছিল তোমায় আমায়
আলো আঁধারি রাতে
কত রাত বিনিদ্রায় জেগেছি দুজনাতে।

ফিরিয়ে দাও আমায়
হারানো সেই মুহূর্ত গুলো
যে গুলো হৃদয়ে গেঁথে আছে
তোমার আমার।
হৃদয় নিঙড়ে ভালবাসার
অমোঘ রেণু গুলো বিকির্ণ কর
আকাশে বাতাসে
শ্রাবনের জলধারা হয়ে ঝরুক শরীরে

সকল অঙ্গ প্রত্যঙ্গ ধৌত হোক্
ভেসে উঠুক হাসি আনন্দের ক্ষণ গুলো
পরম তৃপ্তায় অনুভূত হোক্
আগামী দিন গুলো।

ফিরিয়ে দাও আমায়
হারানো সেই স্মৃতি গুলো
যে গুলো শুধু তোমার আমার।
কাব্য রচিত হোক্ পাতার পর পাতা
প্রেমের হারানো স্মৃতি গুলোর অমোঘ গাথা
প্রতিটি মজ্জায় আহরণ জেগে উঠুক
আনন্দের জোয়ারে ভেসে যাক্
মনের কোনায় পুঞ্জীভূত হারানো ব্যাথা
বেঁচে থাকার প্রেরণা জোগাক্ মিলনের গাথা।
ফিরিয়ে দাও আমায়
ফিরিয়ে দাও।

মেঘ বালিকা

এই মেঘ বালিকা!
তুই আয় না রে আমার ঘরে
রাখবো তোকে যতন করে।
গরমে যে আমরা সব বেহাল
কোথায় রাখিস্ আমাদের খেয়াল।
শুকিয়ে গেছে সব নদী নালা
কি করে বাঁচবে বল গাছপালা।
চারিদিকে শুধু জলের হাহাকার
পশু, পাখিরা ভাল নেই চারধার।

এই মেঘ বালিকা!
আয় না রে তুই আমার ঘরে
আদর করব তোকে প্রাণভরে।
মানুষেরা বসে আছে চাতকের মত
বুঝেছি, এদের উপর তোর রাগ যত।
প্রতিবারে তুই আসিস্ চুপটি করে
এবার কেন দেরি, বল না খোলসা করে।
জানি, গাছপালা আর নেই প্রকৃতিতে
যে যার মত জঙ্গল কাটছে রাত বিরেতে।
এসব দেখে সত্যিই কি নীরব তুই
আমরা তবে কি করে বল রই।

এই মেঘ বালিকা!
তুই আয় না রে আমার ঘরে
মনের কথা বলবো তোরে।

জ্বালাও আলো

এসো মুক্ত করো, মুক্ত করো
অন্ধকারের এই বিভীষিকাময় দ্বার
অমাবস্যার ঘন কালো আঁধার।
অবহেলিত শোষিতদের প্রবল হাহাকার
বঞ্চিত, নিপীড়িতদের বন্ধ কারাগার।

এসো ধৌত কর, ধৌত কর
ঘুণে ধরা সমাজের পঙ্কিল আবর্জনা যত
দেহ ও মনের গ্লানি সকল যাহা পুঞ্জীভূত।
অমানবিকতা জ্বলে খাক্ হোক্ আগুনে পুড়ে
ক্ষুধার্ত শিশু পাক্ দিনের খাবার স্বঅধিকারে।

এসো ছিন্ন কর, ছিন্ন কর
দুর্বৃত্তদের বলিষ্ঠ পাশবিক হাত
ক্ষমতারাজদের লুঠতরাজ নিপাত যাক্।
ষড়রিপুর ধ্বংস হোক্ উদ্যত তরবারি
অন্যায় নাসকতার দাও জলাঞ্জলি।

এসো দীপ্ত কর, দীপ্ত কর
শোক দুঃখ অভিমান ভুলে মনের আলো
সুপ্ত মনের অভিলাযার প্রদীপ জ্বালো।
নতুন স্বপনে আকাশ প্রদীপকে বরণ কর
নব কলেবরে জীবনকে সৌন্দর্যতায় ভর।

এসো অঙ্গীকার কর, অঙ্গীকার কর
আলোক উৎসবে ঘরে ঘরে প্রদীপ জ্বেলে
সংকীর্ণতা হিংসা দ্বেস কে দূরে ফেলে।
জীবন কে ভালবাসা দিয়ে ভরিয়ে তোল
সফলতার ডালি নিয়ে সগর্বে এগিয়ে চল।

ওঠো, জাগো!

কবির কলম গর্জে উঠুক
সাহিত্যিকের লেখনীতে আসুক প্রতিবাদের ভাষা
সব জনপথ শত্রুদের গ্রাস করুক
আগুনের হল্কা নিয়ে সব
বাতায়ন খুলে যাক্
কবরখানায় মৃতেরা চেঁচিয়ে উঠুক
বিহঙ্গ পাখা মেলে উন্মাদের মত আকাশে উড়ুক্
স্রোতস্বিনীরা দিশা পরিবর্তন করুক
সমুদ্র উত্তাল হয়ে সৈকত প্লাবিত করুক
মানুষ আজ আক্রান্ত।
সহস্র টোটায় আজ ক্ষতবিক্ষত
শ্বাস রুদ্ধ করে গ্রাস করতে চাইছে
পঙ্গু করতে চলেছে সমগ্র মানব সমাজকে
শুনছো না!ওই রক্ত পিপাসু পিশাচের কোলাহল
সর্বভুক নিশাচরের গগনভেদী অট্টহাসি
ভীত সন্ত্রস্ত মা বোনেরা সাহারা চাইছে
ওঠো,জাগো! অপরকে জাগাও
তোমার কি ঘুমিয়ে থাকবে?
তোমরা তো জীবন মৃত্যু কে পায়ের ভৃত্য করেছ।

তুমি বোঝ

তোমায় দেখলে
অপলক্ দৃষ্টিতে চেয়ে থাকি
তুমি বোঝ!
তুমি হাত বাড়ালে
ছুটে চলে আসি
তা তুমি বোঝ।
তুমি চলে যেতে বললেও
কেন দাঁড়িয়ে থাকি
তুমি বোঝ।
তুমি ফোন করলে ফোন
নিয়ে নিশ্চুপ বসে থাকি
তা তুমি বোঝ।
তুমি গাইলে গান
আড়ালে কেন তা শুনি
তুমি বোঝ।
তুমি খুশি হলে
আমি ও খুশি হই
তা তুমি বোঝ।
তুমি কষ্ট পেলে
কেন কাতর হই
তুমি বোঝ।
তুমি চলে গেলে
মন ব্যাকুল হয়ে ওঠে
তা তুমি বোঝ।

কন্যাদান

ছোট্ট দুষ্টু মিষ্টি মেয়েটি
যেদিন নবজাতিকা হয়ে প্রথম পৃথিবীতে এলো
শঙ্খ ধ্বনিতে আকাশ বাতাস মুখরিত হলো।
আনন্দের জোয়ারে সকলে মাতোয়ারা
স্বর্গের দেবতারা ভাগ্য নির্ধারণে দিশেহারা।
সেদিন কি ভেবেছিলাম
ভাবিনি।
যেদিন কোলে নিয়ে উষ্ণ অধরের সাথে পরিচিতি হলাম
আয় ঘুম, আয় ঘুম, ঘুম পাড়ানি গান গেয়েছিলাম।
হামাগুড়ি দিয়ে ঘুরেছিলাম এক কোণ থেকে আরেক কোণে
কত না স্বপ্ন দেখেছিলাম. মনে মনে।
সেদিন কি ভেবেছিলাম
ভাবিনি।
যেদিন হাঁটি হাঁটি পা পা করে প্রথম চলা
মাম্ মা, পা, পা প্রথম বলা।
অসুস্থ হলে কপালে হাত রেখে সারা রাত জাগা
ভগবানের কাছে আরোগ্য কামনা করা।
সেদিন কি ভেবেছিলাম
ভাবিনি।
যেদিন হাত ধরে প্রথম স্কুলের দরজায় হাজির হলাম
রাস্তা পারাপারে ওর সর্বক্ষণের সাথী হলাম।
গানের প্রথম কলির সাথে স্বর মেলালাম
নাচের তালে পা মেলালাম।
সেদিন কি ভেবেছিলাম
ভাবিনি।
যেদিন মাঙ্গলিক টিপ্ পরিয়ে মুখে ভাত দিলাম
আদর শাসনে, স্নেহের আঁচলে বড় করে তুললাম।
প্রহরীর মত শৈশব, যৌবন কে আগলে রাখলাম

স্বপ্ন পূরণে যার চিরসাথী হলাম।
সেদিন কি ভেবেছিলাম
ভাবিনি।
একদিন সঁপে দিতে হবে
আজানা অচেনা কোন আগন্তুকের হাতে
রক্ষণাবেক্ষণের দায়িত্ব ভার অর্পণ করতে হবে।
উচ্চারণ করতে হবে "তুয়ভ্যমহং সম্প্রদদে"
সেদিন কি ভেবেছিলাম
ভাবিনি।
ওকে নিজের সব কিছু ছেড়ে পর কে আপন করতে হবে
এক মুঠো চাল দিয়ে ঋণ শোধ করতে হবে।
প্রিয়জনদের ছেড়ে চলে যেতে হবে
সিঁদুরের টিপে চোখের নোনা জলে বিদায় নিতে হবে।
সেদিন কি ভেবেছিলাম
ভাবিনি।

এসো হে বৈশাখ

এসো হে বৈশাখ, এসো এসো
এসো হে বৈশাখ, এসো এসো

পুরাতন বরষের জীর্ণ অতীতকে বিদায় জানিয়ে
কাল সমুদ্রে দেহ ও মনের গ্লানি সকল বিসর্জন দিয়ে।
বিগত বরষের বিভৎস উন্মাদনা কে পশ্চাতে ফেলে
অন্ধকারাচ্ছন্ন বিভিষিকাময় মূহুর্তে জল ঢেলে।

এসো হে বৈশাখ, এসো এসো
এসো হে বৈশাখ, এসো এসো।

অভিশপ্ত পুরাতন স্মৃতির অবসান ঘটিয়ে
অজ্ঞাত মহামারীর প্রকোপে জলাঞ্জলি দিয়ে।
ক্লান্ত অবসন্ন প্রকৃতির বুকে আশার আলো জাগিয়ে
অবসাদ গ্রস্থ মানব সমাজের অপরাধ মার্জনা করে।

এসো হে বৈশাখ, এসো এসো
এসো হে বৈশাখ, এসো এসো।

গ্রীষ্মের দাবানলে বিগত দিনের আবর্জনাকে দাহ করে
নব কলেবরে প্রকৃতিকে সুসজ্জিত করে।
নব রবির কিরণে আলোর ছটার পসরা সাজিয়ে
রঙিন ফুলের ঝাঁকিতে নববর্ষকে বরণ করে।

এসো হে বৈশাখ, এসো এসো
এসো হে বৈশাখ, এসো এসো।

আনন্দের জোয়ারে প্রকৃতি ফিরুক নিজ ছন্দে

খুঁজে বেড়াতো, ছুঁতে চাইতো
তুমি আসবে, আর কখন।
নিঝুম নিশীথ রাত, স্বপনলোকে কার ডাক্
যেন বলছে, বলে চলেছে
থাক্, অপেক্ষাতেই থাক্।
আমার একলা জীবন খুঁজে চলেছে
ভোরের স্বপনে ভেসে
শুধু তোমায় ভালোবেসে।
আমার দিন গুলো সব হারিয়ে গেছে
অজানা কোন দেশে
শুধু তোমায় ভালোবেসে।

তুই আমার বন্ধু হবি

তুই আমার বন্ধু হবি!
আমার পাশে থাকবি
পা মিলিয়ে একসাথে চলবি
খুশিতে খুশি হবি
দুখে কাতর হবি।
তুই আমার বন্ধু হবি!
আমার মনের কথা বুঝবি
ছায়া হয়ে চিরকাল পাশে থাকবি
কাঁধে হাত রাখবি
এক পাতায় ভাগ করে খাবি।
তুই আমার বন্ধু হবি!
মায়ের মত যত্নে আগলে রাখবি
বাবার মত শাসন করবি
বোনের মত খুনসুটি করবি
ভায়ের মত ঝগড়া করবি।
তুই আমার বন্ধু হবি!
অভিমান করলে মান ভাঙ্গাবি
শর্ত ছাড়াই আমায় ধরে রাখবি
বিশ্বাস অটুট রাখবি
ভরসার হাত বাড়িয়ে দিবি।
তুই আমার বন্ধু হবি!
দখিন বাতাসে উড়িয়ে নিয়ে যাবি
গলা মিলিয়ে একসাথে গান গাইবি
আমায় ভালবাসবি।

গান, স্লোগান, মেশিনগান

আমি ভালোবাসি গান।
যে গানে নিডর মাঝি প্রবল স্রোতস্বিনী
নদীকে করে পরাভূত
যে গানে প্রিয়জনকে হারানোর
বেদনা হয় দূরীভূত।
যে গানে মৃত্যুশয্যায় শায়িত বৃদ্ধ দম্পতি
দেখে বাঁচার আশা
যে গানে চিন্তাশীল বিজ্ঞানী আবিষ্কারের
পায় নতুন দিশা।

আমি ভালোবাসি সেই গান।
যে গানে শ্রমিক দুঃসাধ্য কাজ
সম্পন্ন করে নিমেষে
যে গানে ক্লান্ত পথিক জীবন সংগ্রামে
জয়ী হয় অবশেষে।
যে গানে অবসাদ গ্রস্থ বেকার কর্মজীবনে
পায় নতুন প্রেরণা
যে গানে মা অনায়াসে থামাতে পারে
ঘুমন্ত শিশুর কান্না।

আমি ভালোবাসি সেই গান আর শ্লোগান।
যে শ্লোগানে পরাধীনতার দাসত্ব
হয় দূরীভূত
যে শ্লোগানে অত্যাচারীর খড়্গ
করা যায় পর্যুদস্ত।
যে শ্লোগানে স্বৈরাচারী বিরুদ্ধে
গর্জে ওঠা যায়
যে শ্লোগানে ছাত্র, যুব, শ্রমিকরা
অধিকার ফিরে পায়।

আমি ভালোবাসি সেই শ্লোগান।
যে শ্লোগানে নারী নির্যাতনের
প্রতিবাদ হয় সোচ্চার
যে শ্লোগানে ছাত্ররা বিপ্লবের
সূচনা করে আরপার।
যে শ্লোগানে বুদ্ধিজীবীরা সমাজ
পরিবর্তনের দেখায় দিশা
যে শ্লোগানে অন্যায় অবিচারের বিরুদ্ধে
জনগণ পায় ঐক্যবদ্ধের নেশা।

আমি ভালোবাসি সেই শ্লোগান
আর ভালোবাসি মেশিনগান।
যে মেশিনগানে বিদেশী শত্রুরা
.হয় পরাস্ত
যে মেশিনগানে রাষ্ট্রের জনগণ
থাকে সুরক্ষিত।
যে মেশিনগানে দেশের স্বাধীনতা
হারাবার না থাকে ভয়
যে মেশিনগানে দেশের জওয়ানরা
ছিনিয়ে নেয় জয়।

আমি ভালোবাসি সেই মেশিনগান।
যে মেশিনগানে দেশের সার্বভৌমত্ব
অখুন্ন থাকে
যে মেশিনগানে বিশ্বের কাছে রাষ্ট্র
মাথা উঁচু রাখে।
যে মেশিনগানে ভৌগলিক সীমারেখা
থাকে অপ্রতিরোধ্য
যে মেশিনগানে পর রাষ্ট্রের
বশ্যতা অনস্বীকার্য।
আমি ভালোবাসি সেই মেশিনগান।
আমি ভালোবাসি একযোগে গান,
শ্লোগান, মেশিনগান।

কবিতা কে বাঁচাও

বাঁচাও আমার কবিতাকে
দিশেহারা পথিকের মত
আজ আমি দিকভ্রষ্ট
ব্যাথিত, মর্মাহত।
দুর্বৃত্তেরা হরণ করেছে
আমার কবিতাকে
প্রকাশ্য রাজপথে
জনবহুল শহরে, দিবালোকে।
তার লাবণ্যময়ী চেহারা
অত্যাচারে জর্জরিত
ধূলায় লুণ্ঠিত
মূর্ছায় শায়িত।
অস্ত্রোপচারে শরীর
তার খণ্ড বিখণ্ডিত
অঙ্গ প্রত্যঙ্গ অবলুপ্ত
ভঙ্গুর শরীর বাজারে পণ্য।
বিশ্বাসে আঘাত হেনেছে
রক্ষকই আজ ভক্ষক
আবরু আজ লুণ্ঠিত
ধূসর সমাজ উল্লসিত।
নেই প্রতিবাদের ভাষা
বিশিষ্ট জনেরা বাকরুদ্ধ
সজ্জনেরা আচম্বিত
প্রকৃতিও আজ স্তম্ভিত।

আর কি ফিরবে

রঙ তুলিতে আঁকা আলো আঁধারের দিনগুলো
নীল আকাশের নিচে সবুজ মনোরম দৃশ্যগুলো।
ভিন দেশ থেকে আসা পাখিদের কলরবগুলো
বৃষ্টিতে ভেজা ব্যাঙের ডাকের আওয়াজগুলো।

আর কি ফিরবে?
কয়লার উনুনে মায়ের পায়েসের গন্ধগুলো
বাবার সাইকেলে চড়ে যাবার পথগুলোগুলো।
কাকুর কেনা কাঠি আইসক্রিমের স্বাদগুলো
দাদুরঝুলি থেকে আসা ব্রহ্মদৈত্যগুলো।

আর কি ফিরবে?
পায়ে হেঁটে দল বেঁধে স্কুলে যাবার মূহুর্তগুলো
বন্ধুদের সাথে খুনসুটি করার ক্ষণগুলো।
গুলি ডান্ডা, হা ডু ডু খেলার স্মৃতিগুলো
ডুব সাঁতারে পারাপারের অভিজ্ঞতাগুলো।

আর কি ফিরবে?
গরুরগাড়ি চেপে মামার বাড়ি যাবার ক্ষণগুলো
রান্নাবাটি, পুতুল খেলার মূহুর্তগুলো।
দু পয়সা, পাঁচ পয়সা, দশ পয়সার কয়েনগুলো
কয়লার ইঞ্জিনের হর্ণের বিকট আওয়াজগুলো।

আর কি ফিরবে?
পুতুল নাচ, সার্কাস দেখার মূহুর্তগুলো
অনুষ্ঠানে পাত পেড়ে খাবার অনুভূতিগুলো।
ছেলেবেলার উৎশৃঙ্খলতার পর্বগুলো
ভুবন স্যারের তিরস্কারের অস্পষ্ট ঘটনাগুলো।

আর কি ফিরবে?
পাড়ায় স্ক্রিনে সিনেমা দেখার পালাগুলো
বন্ধুদের সাথে চড়ুইভাতির আনন্দগুলো।
মোড়ের চায়ের দোকানের আড্ডাগুলো
মাঠে রবীন্দ্রমঞ্চ সাজানোর মূহুর্তগুলো।

আর কি ফিরবে?
ট্রামলাইন ধরে হেঁটে চলার অভিলাষাগুলো
হাতে টানা রিক্সা চড়ার অভিজ্ঞতাগুলো।
ঘোড়ার গাড়ি চেপে পরিভ্রমনের অনুভূতিগুলো
পালতোলা নৌকায় পাড়ি দেবার ক্ষণগুলো।

আর কি ফিরবে?
কাউকে প্রথম ভালোলাগার অনুভূতিগুলো
হাজার স্বপ্নে ভাসিয়ে দেবার যোজনাগুলো।
দূরের মানুষকে চিঠি লেখার অক্ষরগুলো
জীবনে প্রতিষ্ঠিত হবার সুপ্ত লড়াইগুলো।

আর কি ফিরবে?
কয়েক বছরের ইতিহাসের ছেঁড়া পাতাগুলো
অন্যের বিপদে অগ্রণী হবার চেষ্টাগুলো।
পাড়ার বয়স্কদের সম্মান করার ক্ষণগুলো
পারস্পরিক সৌহার্দ রাখার অনুভূতিগুলো।

মনের মানুষ

হাজার মানুষের ভিড়ে, তোমরা কি পাবে
আমার মনের মানুষটিরে।
যার শরীরে নেই রক্ত মাংস
নেই প্রাণহীন অস্থি
আছে শুধু বিবেক মনুষ্যত্ব
সহানুভূতি, ভালবাসা, স্বস্তি।
বুক ভরা সাহসে যে দূর করে ভয়
বিপদে হাসি মুখে ভেদ করে দূর্জয়।
কথায় না বড় হয়ে কাজে বড় হয়
লজ্জা, ঘৃণা, ভয় এই তিন না রয়।

হাজার মানুষের ভিড়ে, তোমরা কি পাবে
আমার মনের মানুষটিরে।
সরল জীবন যাপন উচ্চ চিন্তা
কখনো ভাবে না নিজে সবজান্তা।
স্বভাব সরল ও বিনম্রতায় ঢাকা
জ্ঞানের ভাণ্ডার তার গচ্ছিত রাখা
অহংকারকে বলি দিয়ে পথ সে বাড়ায়
লোভ, মোহ, মাৎসর্য কখনো না নাড়ায়।
অসম্ভবকে সম্ভব এই যার শ্লোগান
তাকে কি হারাতে পারে কোনো মহীয়ান।
বাহিরে গাম্ভীর্য আড়ালে নরম মন
সাহায্যের হাত বাড়ানোই তার পণ।

হাজার মানুষের ভিড়ে, তোমরা কি পাবে
আমার মনের মানুষটিরে।

ভালো মন্দ

ভালোটা না হয়
তুই তোর কাছে রাখ্
মন্দটা না হয়
আমার কাছেই থাক্।
শংসা গুলো
তুই কুড়িয়ে নে
নিন্দে গুলো
আমায় ছুঁড়ে দে।

তোর পথটা
হোক্ না সরলরেখা
আমারটা
না হয় হোক্ বাঁকা রেখা।
তোর জীবনে
থাক্ পূর্ণিমার চাঁদ
আমার না হয়
হোক্ অমাবস্যার রাত।

তোর এগিয়ে চলা
হোক্ আনন্দময় পথ
আমার না হয়
থাক্ বিষাদের রথ।
তোর না হয়
থাক্ সুখের বাসা
আমারটা না হয়
হোক্ দুঃখে ঠাসা।

মনের কথা কই

তোর বয়েস তখন বারো কি তেরো
আমি ছিলেম্ ষোল না সতেরো
তুই ছিলি পাড়ার কোনার ঘরে
আমি ছিলেম একটু দূরে।
তুই বেরোতিস্ সাদা ফ্রকটি পরে
আমি তখনও হাফপ্যান্টকে ঘিরে
আগে কখনো দেখিনি তোকে
ক্লাবে কিংবা খেলার মাঠে।
পাড়ায় একটা কার জন্মদিন ছিল
গি্ফট নিয়ে সবাই এল
তুই দেখলাম তোর বাবার সাথে
আমি পরিবেশনে বাল্তি হাতে।
তুই আমাকে দেখলি, কেমন চোখে
বুঝিনি সেদিন তোকে দেখে
কত কথা হয়তো ছিল তোর মনে
আমার ছিল কিনা কে জানে।
খাবার পরে দাঁড়িয়ে ছিলি এক কোণে
কিযে ভাবছিলিস্ আপন মনে
শেষে সবাই গেল যে যার ঘরে
ভাবছিলেম্, তোর কথা বাড়ি ফিরে।
দেখা হয়নি তারপর, তোতে আমাতে
আমি গেলাম বাইরে পড়তে
কয়েক বছর পর এলাম যখন ফিরে
আমার মন ছিল তোকে ঘিরে।
খবর পেলাম, তোরা গেছিস্ অনেক দূরে
কতটা বড় হয়েছিস্, জানবো কি করে
ভাবতিস্ কিনা আমার কথা কে জানে
আমি কিন্তু ভাবতাম মনে মনে।

হঠাৎ একবার পূজোয় তুই এলি
অবাক হলাম দিতে গিয়ে অঞ্জলি
শাড়ি পরে তোকে কি অপূর্ব লাগছিল
জানি না তোর মনে কি ভাসছিল।
ভাবলাম তোর সাথে দেখা হবে
মনের কথা বলব তোকে, এই ভেবে
পাড়ার পূজোতে ছিলেম্ দিনে রাতে
কখনো দেখিনি তোকে আর পাড়াতে।
এখন বুঝেছি তোর চোখের কথা
তখন যদি বুঝতাম হতো না ব্যাথা
কাজের সূত্রে আমি গেলেম বিদেশে
এসে শুনি, তুই ও নেই এ দেশে।
হয়তো অনেক কিছু তোর বলার ছিল
হঠাৎ সেদিন তোর কথা মনে এল।
লন্ডন থেকে ফিরছি রাতের ফ্লাইটে
সকাল হতে কাকে দেখি পাশের সীটে
অবাক্ হয়ে দেখলাম তোর মুখের দিকে
তুই ও দেখিস্ একমনে আমার চোখে।
তোর চোখের ভাষা এখন বুঝতে পারি
বলনারে কি বলতে চাস্ তাড়াতাড়ি
উতলা মন বলছে তোরে, আয়নারে
জমে থাকা মনের কথা কইবো তোরে।

ছেড়ে দাও

দুই একবার বোঝালেও যদি সে না বোঝে
নতুন পথের দিশা যদি সে না খোঁজে
কি দরকার তাকে বোঝানো
ছেড়ে দাও।
ছেলে বড় হলে যদি সে নিজের নির্ণয় নিতে পারে
অজানা পথে চলার সাহসিকতা রাখে
কি দরকার তোমার নির্ণয় চাপিয়ে দেওয়া
ছেড়ে দাও।
কয়েকজনের সাথে মতাদর্শ মেলে
আর কয়েকজনের সাথে মতাদর্শ না মেলে
কি দরকার তাকে উপদেশ দেওয়া
ছেড়ে দাও।
যেটা তোমার নিয়ন্ত্রণে নেই
কোনদিন পাবে কি পাবে না ঠিক নেই
কি দরকার ব্যর্থ অভিলাষা
ছেড়ে দাও।
তোমার সম্বন্ধে না জেনে কেউ ভুল বলে
তোমার সাথে আলোচনা না করে
কি দরকার ওকে বোঝাতে যাওয়া
ছেড়ে দাও।
আশা থাকলে নিরাশাও থাকবে
জীবনে দুটোই একসাথে চলবে
কি দরকার আশায় বুক বেঁধে
ছেড়ে দাও।
সকলের মতামত একরকম হবে না
একসাথে সকলে চলবে না
কি দরকার তুলনা করা
ছেড়ে দাও।

যদি তোমার অভিজ্ঞতা কেউ না শোনে
গুরুত্ব দিয়ে সঠিক বিচার না করে
কি দরকার মত চাপিয়ে দেওয়া
ছেড়ে দাও।
ইচ্ছা ও ক্ষমতার মধ্যে তফাৎ আছে
সব ইচ্ছা কি পূরণ হয় পাছে
কি দরকার নিজেকে কষ্ট দেওয়া
ছেড়ে দাও।
বয়সকালে জীবনের আনন্দ নাও
প্রতিটি মূহুর্তে হেসে খেলে কাটাও
কি দরকার জমা খরচের হিসেব
ছেড়ে দাও।

প্রিয় কবি নজরুল

হে কবি!
বহুমুখী প্রতিভার বিচিত্র দ্যুতি লয়ে
বিদ্রোহের বীণায় ঝংকার, তুলে
তুমি আবির্ভূত হলে এ ধরায়।
এগারো জৈষ্ঠ আসানসোলের চুরুলিয়া গ্রামে
মসজিদের ইমাম ও মাজারের খাদেমের ঘরে
দুখু মিঞা হয়ে জন্ম নিলে নিরালায়।
শৈশবেই মসজিদে মুয়াজিনের কাজে ছিলে রত
মাত্র নয় বছর বয়সে পিতা ছিলেন গত।
অভাব অনটনে তোমার শিক্ষা জীবন হলো পর্যুদস্ত
মক্তবু কুরাণ, ইসলাম ধর্ম দর্শন করলে রপ্ত।
নিম্ন মাধ্যমিকে উত্তীর্ণ হয়ে শিক্ষকতা শুরু করলে
কবরের সেবক আজান দাতা হিসাবে সঁপে দিলে
অল্প বয়সেই ইসলামের মৌলিক আচারের সাথে হলে ঘনিষ্ঠ
তারপর এসবের আড়ালে লোকশিল্পের প্রতি হলে আকৃষ্ট।
চাচার হাত ধরে লেটো দলে দিলে যোগ
রাঢ় বাংলার কবিতা, পালাগান, নাটক করলে উপভোগ।
এর মধ্যেই শুরু হল বাংলা সংস্কৃতি ও সাহিত্য শিক্ষা
গোদা কবি ও কবিয়া বাসুদেবের কাছে নিলে দীক্ষা
হিন্দু ধর্ম গ্রন্থ পুরাণ ও করলে রপ্ত
বিকাশ হলো সাহিত্য প্রতিভার যা ছিল সুপ্ত।
চাষার সঙ, শকুনি বধ, দাতা কর্ণ, বুড়োশালিকের
ঘাড়ে রোঁ, মেঘনাদ বধ কাব্য করলে রচনা
তার সাথে মা কালীর শ্যামা সঙ্গীত ও বাদ্ যায় না।
তুমি বলেছিলে---
কেউ বলেন আমার বাণী যবন
কেউ বলেন কাফের
আমি বলি ও দুটোর কোনটাই না

আমি শুধুই হিন্দু মুসলমান কে এক
জায়গায় ধরে নিয়ে হ্যান্ড শেক্ করানোর
চেষ্টা করেছি।
গালাগালি কে গলাগলিতে পরিণত করেছি।
অতঃপর ভর্তি হলে সিয়ারসেলের রাজ্য স্কুলে
কবি কুমুদরঞ্জন মল্লিকের সংস্পর্শে এলে।
আর্থিক অনটন তোমাকে পড়াশুনা চালাতে দেয়নি
চা রুটির দোকানে কাজ করতে পিছপা হওনি
পুনরায় যোগ দিলে বাসুদেবের কবিদলে
কবিতা, গান, রচনা চললো সমান তালে।
বেঙ্গলরেজিমেন্টের সাধারণ সৈনিক থেকে হলে হাবিলদার
ফার্সি শেখা, সঙ্গীত চর্চা, কবিতা, গান চলছে জোরদার।
বাউন্ডুলে, আত্মকাহিনী, মুক্তি, গল্প হেনা, ব্যাথার দান
ঘুমের ঘোরে, সমাধি বেরিয়ে এলো কলম থেকে
প্রবাসী, ভারতবর্ষ, ভারতী, মানসী মর্মবানীতে লিখে
জোর কদমে কলম চলছে কাজ বজায় রেখে।
করাচি সেনানিবাস থেকে বিশ্ব যুদ্ধে অংশগ্রহণ
যুদ্ধ শেষে কলকাতায় প্রত্যাবর্তন।
শুরু হলো সৈনিক জীবন ছেড়ে সাংবাদিক জীবন
বঙ্গীয় মুসলিম সাহিত্য অফিসের দৌলতে
তোমার জীবনে মজঃফ্ফর আহমেদের হলো আগমন।
প্রকাশ হতে লাগলো বাঁধনহারা, বোধন, আগমনী
ছায়ানট্, ফনিমনসা, দোলনচাঁপা, খেয়াপারের তরণী।
চারিদিকে প্রশংসার বন্যা বয়ে যেতে লাগলো
জনপ্রিয় সাহিত্যিক কবিদের আড্ডা জমে উঠলো।
অবনীন্দ্রনাথ, অতুল প্রসাদ, সত্যেন্দ্রনাথ
শিশির ভাদুড়ি, শরৎ চন্দ্র, চারুচন্দ্র
সকলের সংস্পর্শে আসা
শান্তিনিকেতনে কবিগুরুর সাথে মেশা।
অতঃপর ফজলুল হকের সান্নিধ্যে পত্রিকার সম্পাদনা
স্নেহ, সুরধনী, সওগাত পত্রিকায় প্রথম গান প্রকাশন।
বাজাও প্রভু বাজাও ঘন......

মুসলিম সাহিত্য সমিতির অফিসে
হলো আলি আকবর খানের সাথে পরিচয়
ভগ্নি নার্গিশের সাথে পরিণয়।
ঘর জামাই থাকার শর্তে রাজি না হওয়ায়
বাসর ঘর থেকে পলায়ন
পরে কুমিল্লায় প্রত্যাবর্তন।
প্রমীলা দেবীর সাথে ভালোবাসা
ও বিবাহ বন্ধনে আবদ্ধ
চার সন্তান কৃষ্ণ মহম্মদ, অরিন্দম খালেদ,
কাজী সব্যসাচী, কাজী অনিরুদ্ধ।
সমান তালে চলছে শোভাযাত্রা
পথ হারা পথিকের গান গাওয়া।
'এ কোন পাগল পথিক ছুটে এলো
বন্দিনী মায়ের আঙিনায়
ভিক্ষা দাও ভিক্ষা দাও
ফিরে চাও ওগো পুরবাসী।
বিদ্রোহী লিখলে মাঝরাতে
শেষ করলে সকাল হতে
'আমি বঞ্চিত ব্যাথা পরবাসী
চির গৃহহারা যত পথিকের
আমি চির বিদ্রোহী বীর
বিশ্ব ছড়ায়ে উঠিয়াছি
একা, চির উন্নত শির।
অতঃপর ধুমকেতু পত্রিকা প্রকাশন
কবিগুরুর, আয় ধুমকেতু কাছে আয় সম্বোধন।
যুগবানী প্রবন্ধ গ্রন্থ বাজেয়াপ্ত
কুমিল্লা থেকে গ্রেফতার
তোমার জবানবন্দী বাংলা সাহিত্যে রাজবন্দীর
জবানবন্দী রুপে পেলো মর্যাদা
অবাক হলো ব্রিটিশদের শাহাজাদা।
তুমি বলেছো,
আমার উপর অভিযোগ আমি রাজ বিদ্রোহী

তাই আমি আজ কারাগারে, আমি কবি।
আমি অপ্রকাশ সত্যকে প্রকাশ করিবার জন্য
অমর্ত্য সৃষ্টিকে মূর্তি প্রদানের জন্য
ভগবান কর্তৃক প্রেরিত।
তোমার বন্দীজীবনে সৃষ্টি সুখের
উল্লাসে সত্যিই কি অপূর্ব।
তোমার জীবন দুঃখ দারিদ্র্য যন্ত্রনায় ভরা
তবুও কবি তুমি গজল, কবিতা, গানে সেরা।
ছোট্ট বুলবুলের মৃত্যুতে ছিল না অর্থ কাফন কেনার
কেউ আসেনি পাশে সুহৃদ বন্ধু আপনজন তোমার।
সেদিন সামান্য অর্থ সংগৃহীত হলো এক কবিতা লিখে
পুত্র শোকে বিদ্ধস্থ কবির হৃদয় নিংড়ে
বেরিয়ে এলো কলম থেকে।
'ঘুমিয়ে গেছে শান্ত হয়ে আমার গানের বুলবুলি
করুণ চোখে চেয়ে আছে সাঁঝের ঝরা ফুলগুলি'।
সাংবাদিকতার পাশাপাশি বেতারে দিয়েছ যোগ
তোমার লেখা কবিতা অগ্নিবীণা, খুকী ও কাঠবেড়ালি
লিচুচোর, কামাল পাশা অতুলনীয় প্রতিশোধ।
তোমার জীবনের নায়ক ছিল কামাল পাশা
কামাল তুনে কামাল কিয়া ভাই
আবেগে ঠাসা।
তুমি গণবাণী পত্রিকায় লিখেছো
সাম্যবাদী ও সর্বহারা কবিতাগুচ্ছ
গোঁড়ামি, রক্ষনশীলতা, ধর্মান্ধতা
কুসংস্কারের বিরুদ্ধে তোমার অবস্থান ছিল কঠোর
তোমায় বাঙালি মনে রাখবে জীবন ভোর।
জগত্তারিনী, স্বর্ণপদক, পদ্মভূষণ
ঢাকা বিশ্ববিদ্যালয়ের ডি লিট্
একুশে পদক তোমাকে ছাড়েনি
বন্দীশালা তোমাকে কাবু করতে পারেনি।
তুমি বিংশ শতাব্দীর প্রবাদ প্রতিম প্রতিভা
উদীয়মান সূর্যের রক্তিম আভা।

তুমি স্বাধীনতা মুক্তির চেতনা
তুমি মানবতার কবি
তুমি সাম্যের কবি
তুমি বিরহ বেদনার নীড়
তুমি বিদ্রোহী বীর।
তোমার লেখনী গর্জে উঠেছিল
ব্রিটিশদের অকথ্য অত্যাচারের বিরুদ্ধে
অন্যায় অবিচারের বিরুদ্ধে
আপোসহীন সাম্রাজ্যবাদের বিরুদ্ধে
গোঁড়ামি ও মৌলবাদের বিরুদ্ধে।
তুমি এক বৃন্তে দুটি কুসুম কে দেখতে চেয়েছো
আজ যে তোমার বড় প্রয়োজন
হে মহা বিদ্রোহী তুমি কি সত্যিই রণক্লান্ত
তোমার শির চিরকাল উন্নত রাখ
বাঙালির মননে, চিন্তনে, আবেগে বেঁচে থাক।
শেষে শব্দের ঝংকার লেখনীর কম্পন অচিরেই থেমে গেল
তাদের প্রিয় কবি প্রিয় যোদ্ধাকে বাঙালি হারালো।
বাকশক্তি গেল হারিয়ে
হাজার চেষ্টা করেও দেশ বিদেশ পারলো না
তুলতে তোমাকে সারিয়ে।
ইনভল্যুশনাল সাইকোসিসে তুমি পড়লে ধরা
মস্তিষ্কের, স্নায়ুতন্ত্রের রোগ হল না সারা।
বাংলাদেশ স্বাধীন হলে
প্রধানমন্ত্রী মুজিবর রহমনের প্রচেষ্ঠায়
ভারত সরকারের অনুমতি নিয়ে বাংলাদেশ গেলে
নাগরিকত্ব ও জাতীয় কবির সন্মান পেলে।
অবশেষে চিরবিদায় নিলে, গাইলে
আমার যাবার সময় হলো দাও বিদায়।
কবি তোমাকে প্রণাম
কবি তোমাকে সেলাম।

ট্রাম

আমার ঠন ঠন শব্দ কি তোদের কানে আসছে
আমার কথা কি তোদের মনের কোনে ভাসছে।
একদিন আমি ছিলেম তোদের খুব প্রিয়
দূষণহীন, পরিবেশ বান্ধব তখন ছিল এগুলো শ্রেয়।
ছোট বড় বুড়ো সবাই বাসতো ভালো আমাকে
আমায় চড়ে ঘুরতো ওরা এদিকে ওদিকে।
টানতো ঘোড়া আগে আমার দুটো কামরাকে
পরে বিদ্যুতের উপর ভর করে চলতাম ধীর গতিতে।
কাঠের সীট, মাথায় বড় পাখা রেলিং এর বড় জানলা থাকতো
বড় ঘন্টা বাজিয়ে চলা আমার শুরু ও শেষ হতো।
সন্ধ্যায় আবছা হলুদ আলো যখন আমার ঠিঁয়ায় পড়তো
গরমের বিকেলে হাল্কা বাতাসে তোদের মন ভরে যেত।
দুজন আমার প্রহরী থাকতো বাদামী রঙের ইউনিফর্ম পরে
কাঁধে স্যাচেল, ভাঁজ করা টিকিট আঙ্গুলের ভাঁজে নোট ভরে।
রোজ ভোর চারটায় তোদের আগে আমার ঘুম ভাঙ্গতো
রাস্তার আলো তখনও সর্বত্র ভালোভাবে জ্বলতো।
নিজের ট্র্যাকেই চলতাম আমি কখনো ওভারটেক করিনি
কখনো কখনো হয়তো তোদের সইতে হয়েছে আমার ঝাঁকুনি।
কপোত কপোতীদের প্রেমের সাক্ষী হয়েছি বলবো কি আর
আড়াল থেকে বুড়ো বুড়িদের প্রেমালাপ ও দেখেছি কতবার।
মাঠে খেলা হলে তো ভীড় করে ঝুলতিস আমার হাত ধরে
টিকিট না নিয়ে চলায় মজা পেতিস্ তোরা প্রাণ ভরে।
ভাড়া কম, জায়গা বেশী প্রশান্তি যেন খুঁজে পেতিস্
এই জন্যই কয়েকজন তোরা আমার হয়ে লড়ে যাচ্ছিস্।
ইউরোপ, সনফ্রানসিসকো তে এখনো বেঁচে আছি ভালোভাবে
কলকাতায় কেন বৃদ্ধাশ্রমে পাঠালি, আমার কথা না ভেবে।

হাসি

হাসি নিবে গো হাসি!
হরেক রকম টাটকা হাসি
ঝুড়িতে সবই ঠাসাঠাসি।
অট্টহাসি, মুচকি হাসি
আছে জয়ের খুশির হাসি।
নতুন কনের লাজুক হাসি
শিশু মনের ফুলের হাসি।

হাসি নিবে গো হাসি!
মায়ের মুখের মিষ্টি হাসি
সন্তানের সাফল্যে আনন্দের হাসি।
বিপ্লবীর স্বপ্ন দেখার হাসি
প্রতিশোধের আগুন হাসি
গৃহ কর্তার গম্ভীর হাসি
বুড়ো বুড়ির ফোকলা হাসি।

হাসি নিবে গো হাসি!
সুহৃদ ব্যাক্তিরা হাসে উচ্চস্বরে
ধূর্তরা হাসে মুখ বিকৃতি করে।
দূর্বলের অসহায় হাসি
কৃতজ্ঞতার তৃপ্ত হাসি।
প্রতারকের গদগদ্ হাসি
নিপীড়িতের ব্যাথার হাসি।

হাসি নিবে গো হাসি!
রোজ হাস কম বেশী করে
মনের দুশ্চিন্তা যাবে দূরে।
হিংসা দ্বেষ দূরে রবে

সম্পর্ক গুলো গাঢ় হবে।
প্রাণ খুলে হাসলে পরে
হার্ট অ্যাটাক্ যাবে সরে।

হাসি লিবে গো হাসি!
হাসলে বাড়ে শ্বাসের গতি
ব্যাথা বেদনায় টানবে ইতি।
নিয়ম করে যদি রোজ হাসবে
রোগ প্রতিরোধ ক্ষমতা বাড়বে।
মুখের মাংসপেশী সচল রবে
নিউরণ গুলো বেশী সক্রিয় হবে।

হাসি লিবে গো হাসি!
ভুল বুঝাবুঝি কমবে এবার
হাসিকে কর যোগাযোগের হাতিয়ার।
কর্মক্ষেত্রে গড়ো হাসির পরিবেশ
হাস্যময়ী নারী তাইতো থাকে বেশ।
হাসির গুরুত্ব এবার বুঝেছে সবলোকে
লাফটার ক্লাব গড়ে উঠছে দিকে দিকে।

যদি পারতাম

ভীষণ ইচ্ছে করছে
তোমায় কিছু দিতে
কি দিই বলতো !
যদি পারতাম্
পূর্ণিমার চাঁদটা হাতের মুঠোয় এনে
তোমার হাতে তুলে দিতে।
যদি পারতাম্
গভীর সমুদ্রে ডুব দিয়ে ডলফিনটা জাপটে ধরে
তোমার কাছে এনে দিতে।
যদি পারতাম্
ঘন নিবিড় জঙ্গলের সিংহশাবকটা কে এনে
তোমার কোলে শুইয়ে দিতে।
যদি পারতাম্
হিমালয় থেকে ব্রহ্মকমল তুলে এনে
তোমার গুলদস্তায় সাজিয়ে দিতে।
যদি পারতাম
বিশ্বের মূল্যবান হীরের টুকরো দিয়ে
তোমার গলার মণিহার গেঁথে দিতে।
যদি পারতাম্
ব্র্যানের দূর্গ জয় করে তোমাকে অর্পণ করতে।
যদি পারতাম্
চাঁদের দক্ষিণ মেরুতে একটা সুন্দর রঙমহল গড়ে দিতে।
যদি পারতাম্
পক্ষীরাজে চড়ে সারা বিশ্ব ভ্রমণ করাতে।
যদি পারতাম্
বিশ্বের সবচেয়ে বিলাসবহুল খাবার ক্যাভিয়ার
তোমার ডিনারে সাজিয়ে দিতে।
যদি পারতাম্

মেঘ হয়ে তোমার অঙ্গ প্রত্যঙ্গ ভিজিয়ে দিয়ে
অনাবিল আনন্দের ভাগীদার হতে।
যদি পারতাম্
তোমার সুন্দরতাকে ছন্দের মিলন মালায়
কবিতার রুপ দিতে।
যদি পারতাম্
ভালবাসার অমোঘ রেণু দিয়ে
তোমাকে সাজিয়ে দিতে।
যদি পারতাম্
গোধূলি লগ্নের অস্তমিত রক্তিম সূর্য কে
তোমার আঁচলে স্থান করে দিতে।
যদি পারতাম্
পদ্মপাতায় জমে থাকা শিশির বিন্দু দিয়ে
তোমার মুখমণ্ডল ধৌত করতে।
যদি পারতাম্
স্বর্গের অপ্সরাদের সরিয়ে দিয়ে তোমায় স্বর্গসুখ
এনে দিতে।
যদি পারতাম্
সমুদ্র মন্থনের অমৃত কলস ছিনিয়ে নিয়ে
তোমায় অমরত্ব এনে দিতে।
যদি পারতাম্
যদি পারতাম্ ।

রিয়ার বে

শোন শোন বাবুমশায়
শোন দিয়া মন
মজার কাহিনী এক
করিব বর্ণন।
আহা বেশ বেশ বেশ বেশ
আহা বেশ বেশ বেশ।

এক যে ছিল রাজকন্যে
রিয়া রে তার নাম
হায়দরাবাদে জন্ম নিল
মিউজিকই তার প্রাণ।
আহা বেশ বেশ বেশ
আহা বেশ বেশ বেশ।

ছোট্ট শিশু ছয় দিনে
এলো বেঙ্গালুরে
সবাই কিন্তু অবাক হলো
ফ্লাইট টিকে ঘিরে।
আহাবেশ বেশ বেশ
আহা বেশ বেশ বেশ।

আট মাস বয়সে রিয়া
জাপান গেল উড়ে
নতুন দেশের নতুন ভাষায়
উঠলো রিয়া বেড়ে।
আহা বেশ বেশ বেশ
আহা বেশ বেশ বেশ।

ওয়ার্কিং পেরেন্টস্ এর হোইকুয়েন
রিয়ার হলো সাথী

হ্যালোর বদলে কোনিচিওয়ায়
উঠলো রিয়া মাতি।
আহা বেশ বেশ বেশ
আহা বেশ বেশ বেশ।

পাঁচ বছরে ইউ.এস.এ
আবার পাড়ি দিল
ক্যারোলিনার বাংলা স্কুলে
এবার ভর্তি হলো।
আহা বেশ বেশ বেশ
আহা বেশ বেশ বেশ।

স্কুলের নামটি রবিবার
সবাই অবাক হবে
এই সুযোগে বাঙালি
বাংলা তো শিখবে।
আহা বেশ বেশ বেশ
আহা বেশ বেশ বেশ।

জর্জিয়াটেকের ক্যালকুলাস
ক্লাসে শুভদিনটি এলো
রিয়া ইয়ানের প্রথম দেখা
ডায়রিতে স্থান পেলো।
আহা বেশ বেশ বেশ
আহা বেশ বেশ বেশ।

ধীরে ধীরে সময়ের সাথে
সম্পর্ক দৃঢ় হলো
অ্যাকাপিলারের রিহারশেলে
যাত্রা শুরু হলো।
আহা বেশ বেশ বেশ
আহা বেশ বেশ বেশ।

ইয়ান কম্পিউটার সায়েন্স

রিয়া বায়োমেডিক্যাল ইঞ্জিনিয়ারিং
গ্র্যাজুয়েশনের সাথে সাথে
চললো সিংগিং ও ড্যানসিং।
আহা বেশ বেশ বেশ
আহা বেশ বেশ বেশ।

মিউজিক লাভার রিয়া গানের
জন্য ইতালিও গেল
মনমাতানো পিয়ানোর সুর
ইয়ানকে কাছে টানলো।
আহা বেশ বেশ বেশ
আহা বেশ বেশ বেশ।

সময়ের সাথে সাথে
বন্ধুত্ব গাঢ় হলো
একে অপরকে সঠিকভাবে
চিনতে তো শিখলো।
আহা বেশ বেশ বেশ
আহা বেশ বেশ বেশ।

দুজনের যৌথ উদ্যোগে এরা
বাঁসা একটা বাঁধলো
ভালোবাসার নীড়, একান্ত আপন
নিজেরাই গড়লো।
আহা বেশ বেশ বেশ
আহা বেশ বেশ বেশ।

আজ সেই শুভলগ্ন
সবার আশীর্বাদ নেবার
দুটি মন এক হোক্
কামনা আমার তোমার।
আহা বেশ বেশ বেশ
আহা বেশ বেশ বেশ।

তুমি আসবে বলে

তুমি আসবে বলেই সূর্য এখনো মুখ তুলে চায়নি
তুমি আসবে বলেই ভোরের হিমেল বাতাস স্পর্শ করেনি
তুমি আসবে বলেই কৃষ্ণ চূড়ার ফুল গুলো ঝরে যায়নি
তুমি আসবে বলেই বৃষ্টিতে ঘাস গুলো ভিজে যায় নি
তুমি আসবে বলেই রামধনু আকাশে মিলিয়ে যায় নি
তুমি আসবে বলেই পাখিরা এখনো বাসা ছেড়ে যায় নি
তুমি আসবে বলে।
তুমি আসবে বলেই ভালোবাসা এখনো বিকিয়ে যায় নি
তুমি আসবে বলেই স্মৃতি গুলো এখনো মুছে যায় নি
তুমি আসবে বলেই স্বপনের তারা গুলো ঝরে এখনো যায়নি
তুমি আসবে বলেই মায়ার বাঁধন আলগা এখনো হয়নি
তুমি আসবে বলেই শুচিতা এখনো দূরে সরে যায় নি
তুমি আসবে বলেই মনমন্দিরে কেউ এখনো পা বাড়ায়নি
তুমি আসবে বলে।
তুমি আসবে বলেই সুরের তারটি এখনো ছিঁড়ে যায় নি
তুমি আসবে বলেই নিরাশা এখনো দানা বাঁধতে পারেনি
তুমি আসবে বলেই জীবনতরী ঘাটে এখনো ভেড়েনি
তুমি আসবে বলেই মনের আঙিনায় ছবিটি এখনো মিলিয়ে যায়নি
তুমি আসবে বলেই হৃদয়ের তৃষা এখনো মিটে যায় নি
তুমি আসবে বলেই প্রতীক্ষার অবসান এখনো হয়নি
তুমি আসবে বলে।

জানালাটা খুলে রাখো

জীবনের বাস্তবটা বড় নিষ্ঠুর
দুঃখ, কষ্ট থেকে যত পালাবে
ততই সে পিছু ধাওয়া করবে
সম্মুখীন হও, ভয় পেও না।
এদের জীবনের অংশ হিসাবে
মেনে নাও, আনন্দ পাবে
সুখী হবে।
কিন্তু সবাই তা পারে না
তাই কেউ সুখী হয় কেউ হয় না
জীবনের চলার পথে যে রস
সংগ্রহ করেছ, তাই দিয়ে
মালা গেঁথে জীবনের
বন্ধুর পথকে সরল কর।
সময় শক্তিশালী।
ওকে শ্রদ্ধা কর
মনের জানালা খুলে রাখ।

বয়স শুধু সংখ্যা মাত্র
কে বলেছে তোমাকে দিয়ে
কিছু হবে না, বয়স হয়ে গেছে
এটা তোমার আশেপাশের
লোকেরা বলে।
ইউকিরো মুইরা একাশি বছর
বয়সে উঠেছেন এভারেস্টে
ডরিস লেসিং অষ্টাশিতে নোবেল
পাবলো পিকাসো ছিয়াত্তরে বিয়ে
লিও তলস্তয় সাতষট্টিতে সাইকেল শেখা
তুলসীদাস বাহাত্তরে রামচরিতমানস

শুরু করেন লেখা।
এরা জানালা খুলে রেখেছে
কে বলে তুমি অবসর নিয়েছ?
অবসর, অবসাদ নয়।
জীবনটাকে নতুন ভাবে শুরু কর
নাটক শেষ হয়ে যায়নি
শুধু দৃশ্য পতন হয়েছে
একবার না পারলে হাল ছেড়োনা
জানালাটা খুলে রাখ।

নতুন এপিসোড শুরু কর
জীবনে কি কি করনি
কি কি করা হয়ে ওঠেনি
তার লিস্ট তৈরী কর।
সমুদ্রে সূর্যাস্ত কবে দেখেছ
আইফেল টাওয়ার দেখা হয়েছে?
লাদাখে স্নো ফল কি দেখেছ
সাহারায় মরুঝড় উপভোগ করেছ?
জীবনটা বীজগণিত নয়
ফর্মুলা বসিয়ে অঙ্ক মিলে যাবে।
বেঁচে থাকাতেই আনন্দ
আনন্দ গুলো উপভোগ করাটাই
মোক্ষ প্রাপ্তি।
জীবনটা রেস্ নয়, জার্নি
যতক্ষণ তুমি চলবে, ততক্ষণ আনন্দ পাবে
জীবনে সফলতার মার্কশীট বলে
কিছু হয় না, যদি থাকতো তবে
ড্রপ আউট স্টুডেন্ট বিল গেটস্
বিশ্বের সবচেয়ে ধনী ব্যাক্তি হতো না।
জীবনকে ওর ছন্দে উপভোগ কর।
তাই জানালাটাকে খুলে রাখ।

জীবন সব সময় সরলরেখা বরাবর
চলে না, দিক্ বদলায়।
জীবন ফল্গুধারায় বয়ে চলা
স্রোতস্বিনী নদীর মতো কখনো মসৃন
বা কখনো বন্ধুর পথ
ঘাবড়ে গেলে হবে না ভায়া
ধৈর্য ধরতে হবে
অপেক্ষা করতে হবে।
মাঝি যেমন নৌকা ছাড়ার আগে
হাওয়ার দিক্ ও বেগের জন্য অপেক্ষা করে
গতি কখনো তীব্র কখনো স্লথ।
পূর্ণিমা, অমাবস্যা দুই থাকবে
এগিয়ে যেতে হবে।
জীবন শেষ হয়ে গেলে আর কি পাবে?
তাই বলি জানালাটা খুলে রাখ।

ফেরারী মন

ফেরারী মন ধেয়ে চলেছে
মহাশূন্যের দিকে
পৃথিবীর কক্ষপথ ছেড়ে
অন্য কোন গ্রহের দেশে
কোন অজানা গহ্বরে ।
হয়তো বা বরফের চাঁই এর উপর
এলিয়ানদের সাথে,
মহাকাশ যান নিয়ে
পিছু ধাওয়া করেছি
পারিনি আটকাতে ।
কখনো দেখেছি
অতল সমুদ্র গহ্বরে
জলজীব দের আড়ালে
হয়তো বা বারমুডা ট্রায়াঙ্গেলে
বা মারিয়ানা ট্রেঞ্চে।
যেখানে ভয় আর ভয়
অন্তহীন মুগ্ধতা
কত জাহাজ বিমান নিখোঁজ হয়েছে।
সাবমেরিন থেকে,ঝাঁপ দিয়েছি
ডুবুরির পোশাক পরে
ধরতে পারিনি তাকে।
কখনো দেখেছি
মাউন্ট এভারেস্টের সুউচ্চ চূড়ায়
এক শৃঙ্গ থেকে আরেক শৃঙ্গে
দাপাদাপি করতে।
হয়তো বা বরফ গলা জলে সাঁতরাতে
ঝরনার তীব্র স্রোতে
তাকে ভেসে যেতে

হাজার চেষ্টা করেও
পারিনি তাকে বাগে আনতে।
কখনো দেখেছি
মরুঝড়ের প্রচন্ড হাওয়ায়
ডানা মেলে উড়ে যেতে
হয়তো বা ধূসর মরুভূমিতে
উটের পিঠে চড়ে
দিশাহীন ভাবে পরিভ্রমণ করতে।
হাজার চিৎকার করেও
থামাতে পারিনি তাকে।
কখনো দেখেছি
কোন অজানা দ্বীপে
জনমানবশূন্য অন্ধকার
অচেনা গাছপালাদের আড়ালে
হয়তো বা অচেনা গুটি কয়েক
আদিমানব দের গুহাতে।
জলজাহাজে পাড়ি দিয়ে
খুঁজেছি এক প্রান্ত থেকে আরেক প্রান্ত
চিনতে পারিনি তাকে।
কখনো দেখেছি
পৃথিবীর দক্ষিণ মেরু
সাদা মহাদেশ আন্টার্টিকায়
গবেষণা কেন্দ্রে
হয়তো বা বরফের আড়ালে
লুকিয়ে থাকতে।
পেঙ্গুইনের পিঠে চড়ে
চিংড়ি জাতীয় ক্রিল খেতে
ধরতে পারিনি তাকে।
ফেরারী মন ধেয়ে চলেছে
আলোকের চেয়ে তীব্র বেগে
অজানা অচেনা দেশে
না, ফেরাতে পারিনি তাকে।

www.ingramcontent.com/pod-product-compliance
Lightning Source LLC
La Vergne TN
LVHW050814051026
849532LV00008B/2989